AF324595

EDICT DV ROY

POVR LA CREATION DE

DEVX MAISTRISES DE CHACVN meſtier en toutes les villes, bourgs, & faux-bourgs, & lieux de ce Royaume, païs terres & ſeigneuries de ſon obeiſſance, en faueur de la naiſſance de Madame ſeconde fille de France.

A Paris, par Hubert Velut, demeurant à la ruë de la Tannerie, à l'enſeigne noſtre Dame de Boulongne.

1606.

EDICT DV ROY, POVR LA

creation de deux Maiſtriſes de chacun meſtier, en toutes les villes bourgs faux-bourgs & lieux de ce Royaume, païs terres & ſeigneuries de ſon obeiſance, en faueur de la naiſſance de Madame ſeconde fille de France.

ENRY par la grace de Dieu, Roy de Fráce & de Nauarre. A tous preſens & aduenir Salut. Voulans à l'exemple & imitation des Roys nos predeceſſeurs faire cognoiſtre à vn chacun la ioye & cótentement que nous auons receu de la naiſſance de noſtre treſ chere & treſ-amee ſeconde fille, & pour en

A ij

honorer d'autant pl° la memoire faire reſſentir & participer nos ſubjects
de la meſme grace & liberalité qui
leur à eſté touſiours cy deuant conce-
dee & octroyee en pareil cas, voulant
auſſi pour ceſte meſme cóſideration
gratiffier la Royne noſtre treſ-chere
& treſ amee compagne, ainſi qu'il eſt
acouſtumé, Auons par ceſtuy noſtre
Edict perpetuel & irreuocable cree
erigé & eſtably, creons erigeons &
eſtabliſſons par ces preſentes deux
maiſtriſes iurees de toutes ſortes &
qualitez d'arts & meſtiers en chacune
des villes Bourgs & fauxbourgs de
noſtredit Royaume lieux & païs de
noſtre obeiſſance : pour deſdictes
maiſtriſes eſtre par noſtre dicte cópagne & eſpouſe, pourueu de telles per-
ſonnes qu'elle voudra choiſir & eſlire,
leſquels ſeront tenuz prendre lettres

de prouifion, fignees & expediees de
l'vn des Secretaires de fes finances, &
fcellees de fon feel, efquelles maiftrifes lefdicts pourueuz en vertu defdictes lettres feront receuz inftallez &
mis en poffeffion reelles & actuelles
d'icelles, par nos Baillifs, Senefchaux
& tous autres Iuges, aufquelz elles feront addreffantes, pour les tenir &
exercer par lefdicts pourueuz, auec
tous & femblables droicts franchifes
libertez & priuileges: dont iouiffent
les autres antiens Maiftres Iurez d'i-
celles Maiftrifes, fans qu'ils foient te-
nus faire aucun chef-d'œuure, efpreu-
üe, experience, examen, payer ban-
quets, droits de Confrairie, & de boi-
ftes, n'y eftre contraincts au payemét
d'aucune chofe que les Iurez de chacun meftier ont acouftumé de prendre, & faire payer ceux qui fe veulent
A iij

faire paſſer Maiſtres dont nous auons
ceux qui feront pourueuz en vertu
du preſent Edict, exceptez diſpenſez
& reſeruez, exceptons diſpenſons &
reſeruons auec deffences & inhibiti-
ons treſ-expreſſes que nous faiſons à
iceux maiſtres de ne receuoir n'y ad-
mettre aucun compagnon Maiſtre
par chef d'œuure n'y autrement que
premierement leſdictes lettres de
Maiſtriſes n'ayét eſté remplies & ceux
qui feront pourueuz en vertu du preſent Edict, n'ayent eſté mis en poſſeſſion: & ou ils en receuroient aucuns
par ſurpriſe ou autrement au preiudice dudit preſent Edict, voulons que
les receptions en demeurent nulles &
de nul effect & valeur, & que ceux qui
feroient ainſi receuz ſoient tenuz de
fermer leur bouticque, iuſques à ce
que ceux qui en auront comme dict

eſt, eſté pourueuz ayent eſté mis en
poſſeſſion, leur permettant mettre
ſus bouticques eſtaux & ouurouers
ſur ruë, en tel lieu & endroict que bó
leur ſemblera garniz d'ouſtils & autres choſes neceſſaires pour l'vſage &
exercice deſdicts meſtiers, comme les
autres Maiſtres Iurez, ayant faict chef-
d'œuure & experience : Voulans en
outre les pourueuz deſdictes maiſtriſes eſtre appellez en toutes viſitatiós
& aſſemblees comme les autres Maiſtres Iurez & qu'ils ioüiſſent; enſem-
ble leurs veufues & enfans des meſ-
mes priuileges, franchiſes, & libertez,
dót ioüiſſent & ont accouſtumé iouir
iceux antiens maiſtres Iurez par chef-
d'œuure ſans en ce leur eſtre faict mis
ou donné ny à leurs veufues & enfans
apres leur decez aucun trouble ou
empeſchement au contraire, nonob-

A iij

ſtant les ſtatus & reglemens faicts ou
à faire ſur la police deſdicts meſtiers,
ou autrement & les deffences de receuoir aucun ſans auoir fait apprétiſſa-
ge, chef d'œuure, eſpreuue, experience & eſtre trouuez ſuffiſans par lexa-
men qui en aura eſté faict par leſdits
Iurez, eſdicts meſtiers, & que par l'or-
donnance des eſtats d'Orleans, il ſoit
faict mention de ſemblables creati-
ons, & quelsconques autres ordon-
nances, reſtrinctions, arreſts, & deffences à ce cótraires. auſquelles pour
les conſiderations que deſſus & en faueur de noſtre dicte Eſpouſe, & pour
la conſideration de la naiſſance de
de noſtre-dicte ſeconde fille ; nous
auous pour ce regard deſrogé & deſ-
rogeós, & aux deſrogatoires des deſrogatoires d'icelle, de noſtre plaine
puiſſance & authorité Royalle, ſans y
prejudicier

preiudicier en autre chofe nonobftãt
auſſi quelconques autres arrefts, pro-
cez, differends ou appellatiós & fans
preiudice d'icelles, ne voulant la reception & inſtitution des pourueuz
defdictes Maiftrifes eftre pour ce dif-
ferée fufpenduë ny retardee, voulans
que les prouiſions qui en feront expediees par la Royne noftre-dicte cópagne foient de tel effect force & vertu comme fi elles auoient efté par
nous expediees, & fuffent de nous ef-
manees & fcellees de la Chancellerie
de France, & des a prefent les auons
validees & authorifees validons & au-
horifons, enjoignans à nos Procu-
reurs generaux ou leurs fubftituds re-
querir & pourfuiure la publication
les prefentes, & la reception & infti-
ution des pourueuz efdites Maiftri-
es, fuiuant noftre intention & volon-

B

té pour obuier à toutes lógueurs d
ficultez & empefchemens qui le
pourroiét eftre fur ce donnez,& me
mes de pourfuiure cótre les Iurez q
s'oppoferont ou empefcheront l'ex
cution de noftre prefent Edict, ou t
forceront à vouloir faire faire feftir
experiéces ou chef d'œuure aux pou
ueuz,les amandes efquelles ils doit
uent encourir, lefquelles nous ente
dons eftre par lefdicts contreuenar
payees fans aucun déport. SY DON
NONS EN MANDEMENT, A no
amez & feaux Confeillers les gens t
nans noz Cours de Parlemens, Bail
lifs, Senefchaux, Preuofts, Iuges, Pre
uofts des Marchands, Chaftelains V
guiers, Maires, Efcheuins, & Conful
des villes, & à tous nos autres iufti
ciers & officiers, & à chacun d'eux en
droit foy fi comme à luy appartiédr:

tres expreſſement enjoignons que
noſtre preſent Edit, ils ayent à faire
publier & enregiſtrer és regiſtres de
leurs Cours & iuriſdictions, entretié-
ment gardét & obſeruét facent entie-
rement garder & obſeruer inuiola-
blement ſans l'enfraindre & de tout
le coutenu en iceluy, facent ſouffrent
& laiſſent iouir ceux qui ſeront par
noſtre dicte cópagne pourueuz deſdictes maiſtriſes plainement & paiſi-
blement ſans aucun contredit, C A R
T E L E S T N O S R E P L A I S I R, & pour
ce que de ces preſentes l'on pourra a-
uoir affaire en pluſieurs & diuers lieux, nous voulons qu'au vidimus fait
ſoubz ſcel Royal ou deuement collationné par l'vn de noz amez & feaulx
Notaires & Secretaires foy ſoit ad,
iouſtee comme au preſent original.

B ij

auquel affin que ce soit chose ferm
& stable, à tousiours nous auons faic
mettre & apposer nostre scel sauf e
autres choses nostre droict & l'autru
en toutes, DONNE' à Paris, au moi
de Feurier, l'an de grace, mil six cen
six, & de nostre regne le dixseptiesm
signé HENRY, & sur le reply par le
Roy de Neufuille, & scellees sur lac
de soye rouge & verte du grand sce
en cire verte.

EXTRAICT DES REGIS-
tres de la Cour de Parlement.

CE iour apres auoir par la
Cour les grands Chambres
Tournelle, & de l'Edict as-
semblées deliberé sur les
lettres patentes du Roy, en forme de

luſſion, données à Paris, lé quatrieſ-
me iour du preſent moys de Iuillet,
ſignées Henry, & plus bas par le Roy
de Lomenie, & ſcellées de cire iaune,
par leſquelles pour les cauſes y con-
tenües, ledict ſeigneur veut mande
& enjoinct à ladicte Cour qu'il ſoit
proceddé de nouueau à la verifica-
tion pure & ſimple de l'Edict du
moys de Feurier dernier, pour la
creation de l'vne des maiſtriſes de
chacun meſtier, par toutes les villes
& bourgs de ce Royaume, leuant &
oſtant la clauſe de faire experience
portée par les arreſts & deliberations
d'icelle, comme plus amplement le
contiennét leſdictes lettres. Ladicte
Cour à arreſté & ordonné que leſdictes lettres ſeront regiſtrees és regiſtres d'icelle : Ouy le Procureur ge-

neral du Roy, les Chyrurgiens, Apo-
ticquaires, & Orfeures, exceptes.
Faict en Parlement le quatorziesme
Iuillet, mil six cens six, signé du
Tillet.

Collationné aux originaux par moy Con-
seiller Notaire & Secretaire du Roy.